AF596136

SEYMOUR DE RICCI

QUELQUES BIBLIOPHILES

IV

M. HENRI BERALDI

PLAISIR DE BIBLIOPHILE

1927

QUELQUES BIBLIOPHILES

IV. M. HENRI BERALDI

C'est en 1872 que M. Henri Beraldi, comme il l'a dit un jour, mit « le doigt dans l'engrenage ». Cinquante-cinq ans après, sa collection de livres et d'estampes est une des plus parfaites et des plus précieuses que l'on puisse citer à Paris. Vouloir, dans le court espace de ces quelques pages, en dresser le catalogue, même sommaire, serait impossible. Essayer, après tout ce qu'en a écrit son propriétaire, d'en dire quelque chose de piquant, serait presque une impertinence. Car il est aussi difficile de bien parler de la bibliothèque Beraldi qu'il serait pénible de l'omettre dans ce petit tableau de la bibliophilie contemporaine.

« Un beau jour, écrit M. Beraldi, on se dit que ce serait un agréable passe-temps de s'amuser à réunir quelques-unes des meilleures gravures de Moreau. » Tels furent, en 1872, les débuts de notre amateur. Deux ans plus tard, sous la signature *Henri Draibel,* il publiait chez Rouquette un catalogue sommaire de l'*Œuvre* de Moreau le Jeune, inaugurant modestement *une série* considérable d'ouvrages qui sont aujourd'hui dans toutes les mains.

L'année suivante, en 1875, il figurait parmi les fondateurs de cette *Société des amis des livres*, dont le but était de publier pour ses membres des ouvrages où le luxe typographique s'unît au mérite artistique des illustrations. Il n'est pas un homme de goût qui ignore aujourd'hui la place occupée par les publications de cette société dans l'histoire du livre illustré à la fin du dix-neuvième siècle. Ce sont M. Beraldi et ses amis, Cherrier, Octave Uzanne, Eugène Paillet surtout, qui ont par leur exemple lancé la mode des sociétés de bibliophiles, mode qui depuis lors a connu un si remarquable succès.

La Société des Amis des Livres inaugura sa série, en 1876, par la *Chronique du règne de Charles IX*, de Mérimée, illustrée d'eaux-fortes par Edmond Morin. Publié à cent francs, ce volume quintupla rapidement de prix; aujourd'hui, il est presque oublié; un exemplaire cartonné, non rogné, ne dépassa pas 205 francs dans une vente en 1924 et, à la vente Descamps-Scrive, le magnifique exemplaire de Quentin-Bauchart et de Conquet n'atteignit le prix de 2.900 francs que grâce à une belle reliure doublée, signée de Cuzin père; l'exemplaire de M. Beraldi a été non moins richement relié par le même artiste, avec une splendide doublure mosaïquée, due à l'habileté de Mercier le père. Car, dès cette époque, notre amateur était déjà inspiré par le double amour qui a guidé toute sa vie de collectionneur : le goût de la belle épreuve et la passion de la riche reliure.

*
* *

Il n'est guère d'amoureux du livre ancien et moderne qui n'ait accompli le pèlerinage de l'avenue de Messine et qui ne connaisse la vaste pièce, d'un luxe grave et discret, où M. Beraldi reçoit ses visiteurs. Tout autour de la chambre, de hautes armoires vitrées étincellent dans le demi-jour accueillant où se plaît le maître du logis.

M. Henri Beraldi aime ses livres d'une passion si absolue qu'il lui est parfois pénible de les montrer à des indifférents. Il méprise le simple curieux chez qui le désir de voir la bibliothèque Beraldi n'a pour origine qu'un snobisme de dilettante ignorant. Rien, au contraire, ne stimule davantage la verve de notre collectionneur que le désir de rendre service à un bibliographe anxieux de faire une vérification, à un artiste cherchant une inspiration heureuse, à un autre collectionneur avide de recevoir un conseil du doyen de notre corporation. Aux chercheurs sincères, la bibliothèque Beraldi a toujours été largement ouverte, et l'auteur de ces lignes lui doit plus d'un enseignement précieux qu'il eût vainement cherché à se procurer par ailleurs.

L'art de la collection exige, plus que tout autre, une longue patience : on devine ce qu'un demi-siècle d'efforts éclairés peut permettre d'accomplir quand on est guidé par un goût inné, une mémoire infaillible, la tradition des aînés et une hardiesse d'imagination que ne rebutent ni les obstacles ni les critiques.

Sans sortir d'un salon, c'est toute l'histoire de la gravure et de la reliure en France, que nous pouvons étudier chez M. Henri Beraldi.

Il nous faudra, dans ces pages, écarter résolument tout ce qui ne concerne pas le dix-neuvième siècle.

Nous ne pouvons d'ailleurs le faire qu'en nous résignant à être singulièrement injustes pour notre amateur. Alors qu'il possède des exemples si parfaits du talent des Ève, des Le Gascon, des Padeloup et des Derôme, de quel droit allons-nous commencer, avec Purgold et Thouvenin, notre promenade à travers ses reliures? Et quand nous parlerons illustrations, de quel droit oublierons-nous Eisen et Moreau, pour entrer en matière avec Desenne et Horace Vernet?

Au reste, si nous énumérions les volumes du dix-huitième siècle que possède M. Henri Beraldi, nous n'apprendrions rien à personne. Chacun de ses exemplaires a été décrit par le possesseur dans deux ouvrages classiques[1], et par nous-mêmes dans notre édition du « Cohen ». Il n'est pas de débutant en bibliophilie qui ne connaisse ses exemplaires uniques de La Borde et d'Ovide avec toutes leurs eaux-fortes, ses *Fermiers généraux* aux armes de Mme de Pompadour, ses dessins de Fragonard pour les contes de La Fontaine, son *Faublas* et ses *Liaisons dangereuses* avec leurs dessins originaux.

Le livre illustré du dix-huitième siècle peut se collectionner suivant deux principes différents : les uns — et c'est la mode qui triomphe aujourd'hui — rechercheront le volume dans sa reliure d'époque, de préférence en maroquin; les autres, plus fervents peut-être de l'estampe que du livre, voudront posséder dans leur exemplaire les avant-lettre et les eaux-fortes des illus-

1. Beraldi, *Mes estampes* (1872-1884). Lille, imp. L. Danet, 1884, in-12 (réimprimé en 1887). — *Estampes et livres* (1872-1892). Paris, L. Conquet, 1892, in-4.

trations; comme ces pièces d'état n'ont commencé à être recueillies qu'au début du dix-neuvième siècle, ces derniers amateurs devront se contenter d'exemplaires en reliure postérieure. On compterait sur les doigts d'une main les volumes en reliure d'époque ainsi enrichis d'épreuves d'état.

Un Descamps-Scrive tournait la difficulté en joignant au livre en maroquin ancien, un album en maroquin moderne contenant les eaux-fortes ou les tirages hors texte. M. Beraldi n'a point voulu recourir à cet expédient. Sauf pour quelques ouvrages en riches reliures anciennes, il a préféré, à l'exemple de son maître et ami Eugène Paillet, se constituer de toutes pièces des exemplaires uniques, en acquérant l'ouvrage broché, non rogné, en y ajoutant toutes les pièces d'état, voire les dessins originaux, et en faisant habiller le tout par Cuzin ou ses émules, en maroquin doublé, avec fers spéciaux soigneusement dessinés pour notre amateur.

* * *

Ce sont les mêmes principes qui ont guidé son choix quand il a collectionné les livres illustrés du dix-neuvième siècle. Je dis bien les livres illustrés, car les textes sans illustrations ne sont pas entrés dans le plan de sa bibliothèque. La première préoccupation a été la beauté et la condition des épreuves; la deuxième, le papier de l'exemplaire, chaque fois que l'ouvrage a été tiré sur des papiers de qualités différentes; la troisième enfin, la reliure, soit que notre collectionneur ait eu la bonne fortune de rencontrer un exemplaire relié pour un de ses devanciers, soit qu'il ait dû le confectionner lui-même et le confier à l'un de nos artistes de la dorure. Comme exemples de cette double tendance, voici deux livres importants de l'époque napoléonienne : le *Paul et Virginie* de Didot (1806) avec le triple état des figures, dans une curieuse reliure ancienne de Ducastin, en veau granit à compartiments fauves, et l'édition originale d'*Atala* (1805) avec les avant-lettre et les eaux-fortes, relié sur brochure par Cuzin en maroquin rouge doublé, avec encadrement de style Empire dessiné spécialement par le relieur.

On sait à quels prix ont été poussées les belles reliures romantiques de la vente Descamps-Scrive : les habitués des expositions rétrospectives n'ignorent pas que M. Beraldi en possède une série plus remarquable encore. C'est chez lui qu'il faut chercher les chefs-d'œuvre de Simier, de Purgold, de Vogel, ce grand maître de la mosaïque polychrome, et de cet incomparable Thouvenin qui disait d'une de ses reliures : « Elle unit la solidité d'une pyramide d'Égypte au fini d'une montre de Bréguet. »

Plusieurs de ces ouvrages illustrés de l'époque romantique sont enrichis de dessins originaux, tels que ceux de Garneray dans le Molière de 1804, de Bouillon pour l'*Antigone* de Ballanche (1819), de Colin pour le *Faublas* de 1821, et surtout ceux de Devéria pour les *Mille et un jours* (1826-1828).

Sur un exemplaire parfait du *Faust* de Delacroix (1828), nous rencontrons un cuir ciselé de Marius Michel, une des premières reliures de ce grand artiste qui dut la plus grande partie de son succès aux encouragements de M. Beraldi. C'est que ce bibliophile, en matière de reliure, fut toujours un novateur. Il reconnut de très bonne heure que, même avec la virtuosité d'un Trautz, l'art de la reliure piétinait sur place tant qu'il se bornait à imiter les motifs anciens. A des livres modernes, il fallait des reliures d'un style nouveau : ces reliures d'un goût contemporain, M. Henri Beraldi fut le premier à en faire exécuter, le premier à les mettre en valeur et à les faire adopter par les bibliophiles ses confrères. C'est un service immense qu'il a rendu aux relieurs de les avoir ainsi arrachés à des traditions vieillies et impossibles à rajeunir. Toute la reliure française moderne est sortie du mouvement qu'il a créé et dont il a entretenu le progrès. Sans doute, avec quarante ans de recul, il nous est permis aujourd'hui de nous demander si toutes ses initiatives ont été également heureuses; sans doute, certaines de ses reliures nous paraissent-elles aujourd'hui ou timides ou démodées; sans doute aussi, les relieurs d'aujourd'hui sourient-ils volontiers devant la surabondance de ces motifs floraux qui paraissaient alors d'une audace si géniale. Il n'en reste pas moins que c'est dans le domaine de la reliure qu'a pris naissance ce « style moderne » dont l'évolution est une page capitale dans l'histoire de l'art décoratif français sous la troisième République.

*
* *

C'est, en grande partie, à l'initiative de Henri Beraldi que nous devons de bien connaître les illustrateurs de l'époque romantique. D'autres, depuis Asselineau et

Noilly, ont recherché les textes; leur tâche n'est pas encore achevée et la querelle des « vraies éditions originales » n'est pas près d'être réglée. Ce sont les amateurs de 1875 et leur estimable annaliste Brivois qui ont codifié, une fois pour toutes, les règles de la bibliophilie romantique, en ce qui concerne les livres illustrés. Qu'il s'agisse de lithographies, de gravures sur cuivre ou de vignettes sur bois, nul n'était plus qualifié et mieux préparé pour les collectionner que l'auteur des *Graveurs du XIXe siècle*[1]. On trouvera donc sur ses rayons et la *Caricature,* avec les planches sur Chine, et le *Béranger* de Perrotin (1834), avec les avant-lettre et les eaux-fortes, et le *Molière* de Tony Johannot (1835-1836), rarissime exemplaire sur Chine, relié par Bauzonnet, et l'exemplaire même de Raffet, également sur Chine, du *Napoléon* de Norvins (1839).

L'exemplaire Beraldi du *Journal de l'expédition des Portes de Fer* (1844) est célèbre pour sa riche reliure doublée à caissons, une des mosaïques les plus remarquables de Lortic : c'est de ce volume que disait un *trautzolâtre* : « Ça, une reliure? C'est le foyer de l'Opéra! » Quant aux *Contes drôlatiques* de 1855, M. Beraldi en possède un exemplaire sur Chine avec le double ex-libris de Jules Janin et d'Eugène Paillet, dans un maroquin très simple de Petit. Enfin, le *Molière* de Perrin (Lyon, 1864-1870) est aussi sur papier de Chine (on n'en a tiré que deux ou trois), dans une charmante reliure doublée de Cuzin, et accompagné de huit albums contenant la totalité des dessins originaux.

1. H. Beraldi, *Les Graveurs du XIXe siècle*. Paris, Conquet, 1885-1892. 12 vol. in-8.

L'époque de Napoléon III, en bibliophilie, se termine chez M. Beraldi par le célèbre exemplaire Burty de *Sonnets et eaux-fortes* (1869), un des quatre sur peau de vélin, avec une double suite des planches, de nombreuses épreuves d'essai et le dessin original de Victor Hugo pour le sonnet de l'*Éclair*. Le tout a été recouvert pour notre amateur, par Marius Michel, d'une prestigieuse reliure doublée avec mosaïque recouvrant les plats. C'est un des livres les plus significatifs de toute la bibliothèque.

*
* *

Si, du livre moderne, nous passons au livre contemporain, l'intérêt ne fléchit pas un instant. Comme l'a dit si justement M. Beraldi lui-même, le goût du livre moderne de luxe est né de la raréfaction des grands livres anciens. « Si vous voulez trouver de beaux livres, faites-les vous-mêmes ! » est la maxime d'où sont nées les sociétés de bibliophiles. Plutôt que de chercher des livres et de ne pas en trouver, le bibliophile moderne a préféré les créer à son usage. Sans doute, la chasse à la rareté y a-t-elle perdu de son piquant : une rareté fabriquée sur commande et sous vos yeux ne présentera jamais tout à fait les mêmes attraits que la rareté née d'une circonstance fortuite ou causée par la malignité du temps. D'autre part, il faut bien de l'adresse pour créer, dans la hiérarchie des raretés officielles, une rareté de plus. On n'y peut arriver qu'en recherchant les épreuves d'essai, quand elles n'ont pas été détruites, et les dessins originaux de l'artiste, quand celui-ci n'a pas été obligé par son contrat de les livrer à l'éditeur pour être placés, un à un, dans des exemplaires spéciaux. Enfin, chacun peut relier à son goût le volume qu'il a acquis et l'on sait que les bibliophiles ne s'en font pas faute.

Toutes ces ressources, M. Beraldi les a mises en œuvre et avec le succès que l'on pouvait attendre d'un amateur à ce point expérimenté : aussi, sa série des publications des *Amis des livres*, série qui ne comporte en principe qu'un tirage uniforme et sans exemplaires exceptionnels, ne ressemble-t-elle en rien à celle, par exemple, que le dépôt légal a envoyée à la Bibliothèque nationale. Il n'est pas un volume de cette suite que M. Beraldi n'ait fortement empreint de sa personnalité de collectionneur.

Depuis cinquante ans, bien d'autres sociétés de bibliophiles sont nées; d'autres formules ont vu le jour; la mode a continuellement varié. Il n'en reste pas moins vrai que tout ce grand mouvement d'édition de luxe a pris naissance grâce à l'initiative de M. Beraldi, seul survivant aujourd'hui de cette époque héroïque.

*
* *

Son influence sur la reliure, ainsi que nous l'avons déjà dit, n'a pas été moins éclatante. Le jour où, rompant avec l'académisme d'un Trautz, Cuzin chercha quelques billets de mille francs pour faire graver des fers de reliure d'un dessin complètement nouveau, ce fut M. Beraldi qui lui fournit ce premier capital. De ce jour date la renaissance de la reliure française, renaissance encore bien timide, puisqu'il s'agissait seulement de rajeunir des motifs empruntés à l'art du dix-huitième siècle. Tout le grand mouvement créateur qui est sorti de cette initiative, c'est M. Beraldi lui-même qui a tenu à en être l'historien aussi sincère que spirituel. Tous les amateurs connaissent son grand ouvrage sur la *Reliure au XIXe siècle,* dont l'exemplaire type sera celui « pour les quatre volumes duquel un amateur a fait exécuter sur un extérieur janséniste uniforme quatre doublures différentes par Marius, Mercier, Gruel et Lortic ».

SEYMOUR DE RICCI.

www.ingramcontent.com/pod-product-compliance
Lightning Source LLC
LaVergne TN
LVHW012023170826
845678LV00004BA/1618

* 9 7 8 2 3 2 9 6 2 7 0 1 4 *